D1919239

Fußmann / Gartenblumen

Klaus Fußmann / Gartenblumen

Verlegt bei Peerlings 1988

Mohn

Unser Garten blüht,
ein Flecken hinterm Zaun.

Einem zerrissenen Gemüt
tut es wohl, ihn zu schauen,
das laute Rot in den Beeten,

oder zu denken: wenn er verblüht,
einen Trank zu braun,
den Schlaf in den Teig zu kneten.

O Mohn, wie er noch glüht
Kriegern und Fraun!
Unsere Stunden verwehten.

Günther Eich

1.

Der holde Widerspruch

In unserer Zeit über eine Empfindung zu schreiben, ist durchaus keine einfache Sache. Viel leichter wäre es da über Sportunfälle oder Verbrechen zu berichten, Begebenheiten also, wo auch wirklich etwas passiert. Aktionen kommen einer Beschreibung entgegen, während Gemütsregungen, atmosphärische Stimmungen oder auch Landschaften sich ihr eher entziehen. Sie sind nicht faßbar. Wir lieben Stimmungen: die Dämmerung, den Nebel über dem Fluß, können das aber nicht beschreiben. Wir lieben in der Stimmung die Harmonie, haben aber Schwierigkeiten, uns ihr zu nähern. Obwohl das Wort Kontemplation oft zu lesen ist, wird das Kontemplative selbst so gut wie nie beschrieben. Die kontemplative Beschreibung hat einfach zu wenig Spannung. So ist zum Beispiel eine Literatur, wie sie Adalbert Stifter oder sogar noch Hermann Broch geschrieben haben, ganz aus der Mode gekommen, sie ist einfach zu langweilig. Der kontemplative Text ist deshalb nicht mehr gefragt, weil er keinen Informationswert hat – wie es jetzt heißt. Die Zeitungen und Zeitschriften geben dafür keinen Raum her. Der heutige Leser will die Anschauung nicht mehr, sondern die Aufregung, und die bekommt er am besten über das Furchtbare und Schreckliche. Ein Widerspruch, daß man das Gegenteil von dem bevorzugt, was man eigentlich liebt.

Unsere Gesellschaft leistet sich in dem Bereich der Unterhaltung ein weites Feld von Horror und Gewalt, von Mord und Totschlag. Wir lieben es, wenn ein gut gemachter Krimi uns wohlige Schauer über den Rücken jagt, und wir sind nicht besonders angewidert, wenn das Häßliche seine Triumphe feiert. So verlangen schon die kleinen Kinder nach den ekligen Gummitieren, den grünen schleimigen Sauriern, gräßlichen Schlangen oder schwarzen handtellergroßen Spinnen: alle reinste Ausgeburten der Hölle. Für die Erwachsenen gibt es dann Monster- und Grusel-, sogenannte Kultfilme, wo skrofulöse Menschen von triefenden Molchen gefressen werden und so weiter. Überall in den Medien tobt Gewalt und zeigt sich Monstrosität.

Auch die bildende Kunst ist in diesen Strudel hineingeraten. Auf den Gemälden sieht man jetzt viel Blut fließen, Beile werden geschwungen, Panzer schießen aufeinander. Chaos von Dingen und Menschen auf den Bildern. Chaos herrscht auch im Formalen: Die Pinselzüge sind zwar wütend hingesetzt, aber dafür auch schwach und unpräzise, die Farben meist zu schrill oder versumpft.

Das alles soll jetzt hier nicht weiter ausgebreitet werden, aber von den ehemals Schönen Künsten ist nicht mehr viel übrig geblieben. „Gepriesen sei was hart macht“, könnte über der gesellschaftlichen Auffassung

der jetztigen Ästhetik stehen, und ein gut gemaltes Bild meidet der heutige Kunstexperte, wie der Teufel das Weihwasser. Harmonie, Form und Farbe haben den Anruch von Kitsch bekommen und dieser Circulus vitiosus von der Umwandlung der Werte scheint gar nicht mehr aufhaltbar, so inbrünstig wird daran gearbeitet.

Wer hat uns nur so umgedreht, daß jetzt das Schwarze weiß, das Untere oben und das Schöne das Häßliche ist? Welcher Mythos hat uns diese Anarchie beschert? Ist dies vielleicht die ohnmächtige Antwort auf den letzten grausigen Krieg, dessen Greuel immer noch keine Deutung fanden? Oder ist das alles in der Moderne selbst schon angelegt, ist das nur die logische Vollstreckung ihrer geheimen Struktur?

Eine gewisse Härte in der Ästhetik ist der Moderne der Nachkriegszeit jedenfalls von Anfang an eigen. Vor allem die deutsche Malerei dieser Zeit scheint seltsam spröde hart und dabei schwach zugleich. Irgendwie unfroh, oft melancholisch, obwohl das kein Wunder ist nach dem, was gewesen war. Das setzt sich dann fort bis ins Informel und auch in der Maltechnik ist es ablesbar. So seltsam das anmutet, doch auch hier war ein Hang zur Härte: Öl und Gouache waren hoch angesehen, das Aquarell hingegen weniger, Schweres war gefragt, Nuancen gab es so gut wie nie. Fast niemand aquarellierte. – Ich glaube, daß hier der Grund lag, warum ich so lange zögerte, überhaupt wieder mit dieser Technik anzufangen. Mir war das Aquarell zwar nicht unbekannt – ich hatte zwischen meinem vierzehnten und achtzehnten Lebensjahr viel aquarelliert – hielt aber doch wenig davon. Solche berufsspezifischen Tabus sind sehr stark. So etwas kann lange verschlossen bleiben, kann zwar bereit stehen und doch für Jahre ruhen. Plötzlich ist es da; ein leichtes Anrühren, und es ist wieder da: ein Satz wie, daß „nichts malerischer als das Aquarell" sei, braucht nur irgendwo zu fallen, eine Landschaft, eine Blume, kann der Auslöser sein.

Der Auslöser, wieder mit dem Aquarell anzufangen war bei mir die prismatische Welt der Lofoten. Das war im Sommer 1975. Die Hinwendung zum Blumenaquarell kam zwei Jahre später, während einer verregneten Woche in Gelting, wo ich einige Tage einen verwelkenden Strauß Rosen beobachtete und ihn gerade noch rechtzeitig aquarellierte, bevor er ganz hinüber war.

Jetzt haben wir hier oben im Norden sogar einen eigenen Garten. Viele Blumen stehen darin, und ich male sie alle immer wieder und mit Lust. Immer wieder auch gehe ich durch den Garten, über die schmalen Stege und betrachte mit hedonistischer Freude die Beete. Wenn ich mich aber an das zurückerinnern soll, was ich beim Begehen des Gartens fühle, so bleibt vor allem die Empfindung von unerhörtem Luxus: eine Verschwendung von Farbe ohnegleichen, ein betörender Rausch ohne Sinn und Zweck. Hingabe an den Augenblick und die reinste Sinnenfreude geht von den Blumen aus; Illusionen des Tages sind sie. Im hellsten Licht der Sonne ein Mysterium! Alles an ihnen ist sichtbar und bleibt doch unbegreiflich.

Überhaupt sind die Farben der Blumen mit nichts zu vergleichen. Keine Tinte ist so blau wie der Rittersporn und kein Feuer so rot wie die Geranie. Die Farben der Blumen übertreffen unsere Erwartung meist noch bei weitem, denn sie sind immer noch reicher, wenn wir ihnen gegenüber stehen. Sie sind nicht nur strahlender als in unserer Vorstellung, sondern meist auch raffinierter in den Valeurs. So ist dem Weiß der Rosen ein kaum wahrnehmbarer Klang von rosa beigemischt, das Weiß der Bartnelken zeigt eine Neigung nach grau, wo hingegen dann wieder das Weiß des Phloxes weißer ist als der Schnee: ein ganz offenes Weiß.

Man kann das nicht erreichen. Für so feine Nuancen gibt es keine Malfarben, die Pigmente sind einfach zu grob. Wir müssen uns also im Bild mit dem, sagen wir einmal, gerasterten Widerschein der Blumen begnügen. Wir können die Blumen in der Kunst nur umkreisen. Wir können durch Reduzierung auf das Wesentliche etwas vom Wesen der Blumen erfahren, und gelangen so, jedenfalls im Begrifflichen, sogar zu einer übersteigerten Vorstellung; aber jede gemalte Blume ist eine Abstraktion.

Wir haben die Blumen, um sie besser malen zu können, arrangiert und mit anderen kombiniert. Wir malen die Blumen mit Begeisterung. Wir malen die Blumen im Rausch. Wir laufen dem Blau des Eisenhutes, dem Mauve des Flieders hinterher, – doch der offene Schein, das sichtbare Geheimnis, die ganze Wahrheit, bleibt ein Mysterium.

Blumen sind die Boten des Nichts; sie sind Allegorien der Täuschung. Blumen sind nur Schein, nur Schönheit; ohne Erfüllung. Ihr Glanz ist nur kurz, schon wenn die Blüte aus der Knospe bricht, sind ihre Tage gezählt. Sie sind schnell verwelkt und ein kurzes Vergnügen. Aber sie werden auch dann noch blühen, wenn die Dialoge über die Kunst alle passe sind. Auch wenn das Wort „schön" einmal restlos bei den Schönen Künsten getilgt sein sollte, wird man sie immer noch so empfinden, und das wird sich eben nicht ändern. Ich jedenfalls habe mich ihren weichen Betörungen nicht entziehen können und bin unversehens dabei mit der jetztigen Kunstauffassung in Konflikt geraten: Ja, darf man das denn überhaupt heute noch malen? In unserer, auf den Kopf gestellten Ästhetik, ist das höchst suspekt. Das Dogma der spätmodernen Kunst lastet schwer und keiner kann sich dem Trend ganz entziehen. Doch Zeiten ändern sich auch. Nur angesichts der Langsamkeit der Verschiebungen, gibt es keine Gewißheit, keine Wahrheit. Wahr ist zunächst immer nur das Heutige. In diesem Zusammenhang drängt sich das fernöstliche Bild „Die Welle bricht den Fels" auf. Weiches bricht Hartes, aber nur langsam.

Klaus Fußmann

Frühjahr und Frühling, bis Mitte Juni

2.

3.

Umschlag: Rittersporn, Geißbart, Phlox
Pastell auf Pappe
Fu G. 18.7.87
42×54,5 cm
Sig. unten rechts

1. Garten in Gelting,
Barbara und Gregor arbeitend.
Aquarell, G. (Gelting) 19.4.86 Fu
42×54.5 cm Sig. unten rechts

2. Stiefmütterchen und Vergißmeinnicht
Aquarell, G. 86 Fu
29,5×41 cm Sig. unten rechts

3. Holunder
Aquarell und Pastell
G. Fu 86
29,5×41 cm, Sig. unten rechts

4. Kornblumen und Vergißmeinnicht
Pastell, G. 87 Fu
29,5×41 cm, Sig. unten rechts

4.

5. Vergißmeinnicht
Pastell, G. Fu 87
29,5×41 cm, Sig. unten rechts

6. Osterglocken
Aquarell, 8.4.85 G. Fu
42×54,5 cm, Sig. unten rechts

7. Narzissen
Aquarell, 83 Gelting Fu 14.V.
29,5×41 cm, Sig. unten rechts

5.

6.

7.

8.

8. Narzissen
Aquarell und Gouache, Fu G. 12.V.86
29,5×41 cm, Sig. unten rechts

9. Kastanien und Vergißmeinnicht
Aquarell, Fu G. 10.V.84
29×41,5 cm, Sig. unten rechts

9.

10.

10. Tulpen und Narzissen
Pastell, Fu G. 86
42×54,5 cm, Sig. unten rechts

11. Rhododendron
Aquarell und Pastell, Fu G. 87
40×30 cm, Sig. unten rechts

11.

12. Stiefmütterchen
Pastell, Fu G. 87
42×54,5 cm, Sig. unten rechts

13. Stiefmütterchen
Pastell, G. 87 Fu
29,5×41 cm, Sig. unten rechts

14. Stiefmütterchen
Pastell, G. 87 Fu
29,5×41 cm, Sig. unten rechts

12.

13.

14.

15. Kastanien
Aquarell, 80, 22.V. Fu Gelting
24×31 cm, Sig. unten rechts

16. Rittersporn und Holunder
Pastell auf Pappe Fu G. 87
42×56 cm, Sig. unten rechts

17. Japanische Kirsche
Pastell, Fu G. 24.V.87
42×54,5 cm, Sig. unten rechts

15.

16.

17.

18. Flieder
Aquarell und Gouache, G. 87 Fu
29,5×41 cm, Sig. unten rechts

19. Rittersporn und Pfingstrosen
Aquarell und Gouache, G. 87 Fu
23×31 cm, Sig. unten rechts

20. Weißer Flieder
Aquarell und Gouache, G. VI. 86 Fu
29,5×41 cm, Sig. unten rechts

18.

19.

20.

21.

21. Rittersporn und Pfingstrosen
Aquarell, G. 87 Fu
42×54,5 cm, Sig. unten rechts

22. Raps
Pastell, G. 86 Fu
40×30 cm, Sig. unten rechts

22.

23.

23. Rittersporn und Lupine
Aquarell, Fu G. 83
42×54,5 cm, Sig. unten rechts

24. Rittersporn
Aquarell und Tusche,
3.7.83 G., Fu
42×54,5 cm, Sig. unten rechts

24.

25.

26.

25. Rittersporn/Raum Gelting
Aquarell, Bleistift, Gouache, 13.7.86, G. Fu
42×54,5 cm, Sig. Mitte rechts

26. Schneeball
Pastell, Fu G. 87
30×40 cm, Sig. unten rechts

27. Tulpen und Narzissen
Aquarell, 42×54,5 cm, nicht sig.

27.

28.

29.

28. Mohn
Aquarell und Tusche, G. 21.6.86 Fu
42×54,5 cm, Sig. unten rechts

29. Mohn
Aquarell, G. 20.6.86 Fu
29,5×41 cm, Sig. unten rechts

30. Kerbel
Aquarell und Gouache, G. 21.6.86 Fu
42×54,5 cm, Sig. unten rechts

30.

31.

31. Iris
Pastell auf Pappe, Fu G. 87
24×31 cm, Sig. unten

32. Iris
Pastell und Aquarell, G. 87 Fu
42×54,5 cm, Sig. unten rechts

33. Mohn und Felberich
Aquarell, G. 87 Fu
29,5×41 cm, Sig. unten rechts

34. Mohn
Aquarell G. Fu 87
29,5×41 cm, Sig. unten Mitte

32.

33.

34.

35. Garten Gelting mit Gladiolen
Pastell, G. 86 Fu
42×54,5 cm, Sig. unten rechts

36. Barbara im Garten
Aquarell/Pastell, Fu G. 80
24×31 cm

35.

6.

Tulpen

Mein Tulpenland
ein Reich ohne Raum
im Regen erträumt

Mit erhobenem Haupt
meine Augenblicksblume
hält noch der Sintflut stand

Die Sündflut
wächst
ein giftiger Pilz

Wir werden uns retten?

Unter dem Wasser
die Arche
zündholztrocken
schwarz die Galeerensklaven
im Tulpentief

Rose Ausländer

Stilleben

Chrysanthemen
im Sarg der Vase
Stilles Sterben
in Fäulnis gehaucht

Im Glas das Wasser
schläft
seine zahllosen Augen
blind

Auf der Traubenhaut
prall im Tod
malt die Sonne
Scheinatem

Nur die Uhr
lebt
ihre Lippen
verzehren die Zeit

Rose Ausländer

Halmenzeit

Honiggelbe
Sonnenfedern im Fenster

Zurückgeatmet
in die Halmenzeit
leben wir tief
den täglichen Tag

Rose Ausländer

Nacht

Die Tulpe
schließt die Tür

Orions silberne Äpfel
sind reif

Die Quelle
wiederholt den Raum
aus Traum und Tropfen
mit genauem Laut

Rose Ausländer

Blinder Sommer

Die Rosen schmecken ranzig-rot –
es ist ein saurer Sommer in der Welt

Die Beeren füllen sich mit Tinte
und auf der Lammhaut rauht das Pergament

Das Himbeerfeuer ist erloschen –
es ist ein Aschensommer in der Welt

Die Menschen gehen mit gesenkten Lidern
am rostigen Rosenufer auf und ab

Sie warten auf die Post der weißen Taube
aus einem fremden Sommer in der Welt

Die Brücke aus pedantischen Metallen
darf nur betreten wer den Marsch-Schritt hat

Die Schwalbe findet nicht nach Süden –
es ist ein blinder Sommer in der Welt

Rose Ausländer

Wer nahm das Rosa an? Wer wußte auch,
daß es sich sammelte in diesen Dolden?
Wie Dinge unter Gold, die sich entgolden,
entröten sie sich sanft, wie im Gebrauch.

Daß sie für solches Rosa nichts verlangen.
Bleibt es für sie und lächelt aus der Luft?
Sind Engel da, es zärtlich zu empfangen,
wenn es vergeht, großmütig wie ein Duft?

Oder vielleicht auch geben sie es preis,
damit es nie erführe vom Verblühn.
Doch unter diesem Rosa hat ein Grün
gehorcht, das jetzt verwelkt und alles weiß.

Rainer Maria Rilke

So wie das letzte Grün in Farbentiegeln
Sind diese Blätter, trocken, stumpf und rauh,
Hinter den Blütendolden, die ein Blau
Nicht auf sich tragen, nur von ferne spiegeln.

Sie spiegeln es verweint und ungenau,
Als wollten sie es wiederum verlieren,
Und wie in alten blauen Briefpapieren
Ist Gelb in ihnen, Violett und Grau;

Verwaschnes wie an einer Kinderschürze,
Nichtmehrgetragenes, dem nichts mehr geschieht:
Wie fühlt man eines kleinen Lebens Kürze.

Doch plötzlich scheint das Blau sich zu verneuen
In einer von den Dolden, und man sieht
Ein rührend Blaues sich vor Grünem freuen.

Rainer Maria Rilke

Schlaf Mohn

Abseits im Garten blüht der böse Schlaf,
in welchem die, die heimlich eingedrungen,
die Liebe fanden junger Spiegelungen,
die willig waren, offen und konkav,

und Träume, die mit aufgeregten Masken
auftraten, riesiger durch die Kothurne –:
das alles stockt in diesen oben flasken
weichlichen Stengeln, die die Samenurne

(nachdem sie lang, die Knospe abwärts tragend,
zu welken meinten) festverschlossen heben:
gefranste Kelche auseinanderschlagend,
die fieberhaft das Mohngefäß umgeben.

Rainer Maria Rilke

Sommer und Herbst, bis November

37.

38.

37. Rosen
Pastell, G. 86 Fu
29,5×41 cm, Sig. unten rechts

38. Rosen (rot)
Pastell, Fu 9.8.82, G.
29,5×41 cm, Sig. unten rechts

39. Rosen (gelb und rot)
Aquarell, G. 86 Fu
29,5×41 cm

39.

40. Rosen (weiß)
Aquarell, Fu G. 87
29,5×41 cm, Sig. unten rechts

41. Rosen (rosa)
Aquarell, G. Fu 86
29,5×41 cm, Sig. unten rechts

40.

41.

42.

42. Königskerze
Aquarell, Fu 22.7.81
29×41,8 cm, Sig. unten rechts

43. Kamille
Aquarell und Deckfarben, Fu G. 10.7.84
29×41,8 cm, Sig. unten rechts

43.

44.

44. Dahlien
Aquarell, Sep. G. 87 Fu
29,5×41 cm, Sig. unten rechts

45. Astern und Dahlien
Aquarell, G. 86 Fu
29,5×41 cm, Sig. unten rechts

45.

46.

46. Phlox
Aquarell und Deckfarben, Fu G. 29.8.84
29,5×41 cm, Sig. unten rechts

47. Bartnelken und Rosen
Aquarell, Gouache, Pastell, Fu G. 22.8.87
42×54,5 cm, Sig. unten rechts

47.

48.

48. Dahlien und Gladiolen
Pastell über Aquarell, G. Fu Sept. 87
42×54,5 cm, Sig. unten rechts

49. Felberich
Pastell, Fu G. 87
29,5×41 cm, Sig. unten rechts

49.

50.

50. Margeriten und Phlox
Aquarell und Gouache, G. Fu 87
29,5×41 cm, Sig. unten rechts

51. Margeriten und Rudbeckia
Pastell, Fu G. 87
29,5×41 cm, Sig. unten rechts

51.

52. Margeriten
Aquarell und Gouache, 14.9.87 G. Fu
42×54,5 cm, Sig. unten rechts

53. Chinaastern und Dahlien
Pastell auf Pappe, Fu G. Sep. 87
42×55 cm, Sig. unten rechts

54. Kapuzinerkresse
Aquarell und Gouache, G. 2.4.85 Fu
29,5×41 cm, Sig. unten rechts

52.

53.

54.

55.

55. Astern und Cosmea
Aquarell und Gouache, 20.X.85 Fu
29,5×41 cm, Sig. unten rechts

56. Mohn
Pastell auf Pappe, G. 87 Fu
30,5×41 cm, Sig. unten rechts

57. Kalendula und Mohn
Pastell auf Pappe
30×41 cm, Sig. unten rechts

56.

57.

58.

59.

58. Rittersporn, Brennende Liebe, Lupinen
Pastell auf Pappe, G. 87 Fu
29,5×41 cm, Sig. unten rechts

59. Phlox und Lupine
Aquarell 17. Sept. 87 Fu
29,5×41 cm, Sig. unten Mitte

60. Malven, Gladiolen und Kalendula
Aquarell und Deckfarben, Fu G. 27.9.85
29,5×41 cm, Sig. unten rechts

60.

61.

61. Rudbeckia und Phlox
Pastell über Aquarell Fu G. 86
29,5×41 cm, Sig. unten rechts

62. Buddleia und Kreuzkraut
Aquarell 7.9.87 G. Fu
42×55 cm, Sig. unten rechts

63. Rudbeckia und Phlox
Pastell über Aquarell, Fu G. 86
29,5×41 cm, Sig. unten rechts

64. Gladiolen und Astern
Pastell/Bleistift Fu G. 86
42×55 cm, Sig. unten rechts

62.

63.

64.

65.

66.

67.

68.

65. Sonnenbraut, Chinaastern, Cosmea
Pastell auf Pappe, G. 87 Fu
42,5×55 cm, Sig. unten Mitte

66. Gladiolen
Aquarell, 27.9.82 Fu G.
29,5×41 cm, Sig. unten

67. Astern
Pastell Fu 87 G.
15×22 cm, Sig. unten links

68. Malven
Aquarell und Gouache, 14.9.85 Fußmann
40×48 cm, Sig. unten rechts und Mitte

69. Astern, Cosmea, Sonnenbraut
Aquarell und Gouache G. 87 Fu
42×55 cm, Sig. unten Mitte

69.

70.

71.

70. Dahlien
Aquarell, Gouache Fu G. 86
29,5×41 cm, Sig. unten rechts

71. Rudbeckia
Aquarell Fu G. 86
29,5×41 cm, Sig. unten rechts

72. Sonnenbraut
Aquarell G. 86 Fu
29,5×41 cm, Sig. unten rechts

72.

73.

74.

73. Sonnenbraut
Pastell, Fu G. 86
42×55 cm, Sig. unten rechts

74. Astern und Phlox
Pastell auf Pappe, Fu 87 G.
15×22 cm, Sig. unten rechts

75. Chrysanthemen
Pastell auf Pappe G. 87 Fu
29,5×41 cm, Sig. unten Mitte

75.

76.

77.

76. Chrysanthemen
Pastell 87 Fu
15×22 cm, Sig. unten rechts

77. Phlox und Rudbeckia
Pastell Fu G. 87
29×42 cm, Sig. unten rechts

78. Chrysanthemen
Pastell auf Pappe, G. 87 Fu
42×55 cm, Sig. unten rechts

78.

79.

79. Chrysanthemen
Pastell, G. Fu 87
23×31 cm, Sig. unten rechts

80. Astern
Pastell, Fu G. 87
23×31 cm, Sig. unten rechts

80.

31.

81. Garten mit Astern und Mohn
Aquarell und Bleistift
42×55 cm, nicht sig.

82. Barbara im Garten
Gouache und Aquarell 87 Fu 3. G. Sept.
87×73 cm, Sig. unten rechts

82.

83.

83. Garten Gelting
Aquarell und Bleistift, G. 87 Fu
42×55 cm, Sig. unten rechts

84. Garten in Gelting mit Königskerze
Gouache und Aquarell, G. 5.9.87 Fußmann
73×84 cm, Sig. unten rechts

?4.

85.

85. Garten in Gelting mit Margeriten
Gouache und Aquarell G. 7.9.87 Fußmann
73×85 cm, Sig. unten rechts

86. Garten in Gelting
Gouache und Aquarell G. 9.9.85 Fu
73×85 cm, Sig. unten rechts

86.

Umschlag: Rittersporn, Geißbart, Phlox
Pastell auf Pappe
Fu G. 18.7.87
42×54,5 cm
Sig. unten rechts

1. Garten in Gelting,
Barbara und Gregor arbeitend.
Aquarell, G. (Gelting) 19.4.86 Fu
42×54.5 cm Sig. unten rechts

2. Stiefmütterchen und Vergißmeinnicht
Viola tricolor, Myosotis sylvatica
Aquarell, G. 86 Fu
29,5×41 cm Sig. unten rechts

3. Holunder
Sambucus nigra
G. Fu 86
29,5×41 cm, Sig. unten rechts

4. Kornblumen und Vergißmeinnicht
Centaurea montana, Myosotis sylvatica
Pastell, G. 87 Fu
29,5×41 cm, Sig. unten rechts

An Sommertagen leuchten aus dem staubigen Graugrün der Wegränder die blauen Strahlen kleiner Blütensterne. Es ist die Kornblume, ein Unkraut wie man auch sagt, die sich keck mit der Himmelsfarbe bekrönt. Fußmann hat eine Handvoll dieser Asterngewächse in eine Vase geordnet und sie auf seinem Arbeitstisch vor einen bräunlichen Karton gestellt. Herausgelöst aus ihrer natürlichen Umgebung, dem Freilicht entzogen, also aus ihrer eigentlichen Zuständigkeit in einen Kunstraum gerückt, sind sie Gegenstand malerischer Meditation geworden. Ihr heiteres Zylanblau, das im Sonnenlicht aus dem Krautgestrüpp funkelt, verwandelt sich vor den sonoren Braun- und Olivtönen des dunklen Fonds zu schwebenden Kobaltklängen. Nah' ins Blickfeld gebracht, offenbaren die kleinen zipfeligen Blütenstrahlen ihre Gestalt und regen den schauenden Künstler an, ihre Formen in malerische Gesten umzusetzen, deren Pinselspuren den Anlaß der Erregung seismographisch aufzeichnen. Und so greifen blaue Ärmchen in den Bildraum und winken uns von dort mit offenen Händen zu.

5. Vergißmeinnicht
Myosotis sylvatica
Pastell, G. Fu 87
29,5×41 cm, Sig. unten rechts

Mitten in blauschwarzer Umnachtung erblüht sterngleich aus vielen, vielen glitzernden Blau-Lichtern ein Blumen-Stilleben: Vergißmeinnicht. Ihre kurzen moosgrünen Stengel sind in der uns schon bekannten weiß-blau emaillierten Kanne versenkt. Und das dickbauchige Gefäß erscheint wie ein Nachen, der soeben seine Fracht aufgenommen hat und jetzt abstößt vom Ufer des unteren Bildrandes. Der bis zum Sinken schwer beladene Kahn beginnt eine lange Reise in ein dunkles Meer der Erinnerung. Die blauen Blumen sagen es, weil sie so heißen: Vergißmeinnicht! In zahlreichen, klein getupften blauen Blüten tönt es zuerst zaghaft durch das Bild „Vergißmeinnicht" und wird dann zu einem starken, symphonischen Ruf: „Vergißmeinnicht!"
Treu und blau schauen die Blütenkelche zum Himmel. Sie öffnen sich sehr weit und ganz, daß ihre Herzmitte, ihr Blütenkörbchen wie ein winziges Blinken aufscheint und wieder verdeckt wird durch die zahllosen Blausterne drum herum.

Vergißmeinnicht ist dasjenige Blümlein, das immerfort zum Himmel hinaufschaut und nicht bloß nach Regen und Sonne. Es schaut über die Wolken und die Sonne hinaus, noch viel weiter, bis tief in den Himmel hinein, wo es Gott gewahrt. Von ihm wendet es kein Auge. Denn er hat ihm seinen Namen gegeben als es vor lauter Schauen vergaß, wie es selbst einmal hieß. „Vergiß mein nicht!" hatte damals der liebe Gott zu ihm gesagt. Das merkte es sich für alle Ewigkeit, und das wurde dann sein neuer Name.

6. Osterglocken
   Narcissus pseudonarcissus
   Aquarell, 8.4.85 G. Fu
   42×54,5 cm, Sig. unten rechts

7. Narzissen
   Narcissus poeticus
   Aquarell, 83 Gelting Fu 14.V.
   29,5×41 cm, Sig. unten rechts

8. Narzissen
   Narcissus poeticus
   Aquarell und Gouache, Fu G. 12.V.86
   29,5×41 cm, Sig. unten rechts

9. Kastanien und Vergißmeinnicht
   Aesculus hippocastanum, Myosotis sylvatica
   Aquarell, Fu G. 10.V.84
   29×41,5 cm, Sig. unten rechts

10. Tulpen und Narzissen
    Tulipa spec., Narcissus poeticus
    Pastell, Fu G. 86
    42×94,5 cm, Sig. unten rechts

Barocken Kuppelarchitekturen gleich drängen die vollmundigen Tulpenblüten aus der Mitte des perlgrauen Papier-Grundrisses. Der feurige Akkord von Gold und Kamin verschmilzt zu einer üppigen Vierpaßform. Licht kommt von unten und von oben. Licht kommt aus dem Hintergrund und von dort, wo der aquarellierende Maler handelt. Er setzt seine Farben so, daß sie eins werden mit dem Bild vom branstigen Glühen gelber und roter Farbscheiben. In genauer Überwachung des Sichtbaren setzt Fußmann seinem überbordenden farbigen Temperament disziplinierte Grenzen: fest umreißt er mit breitem Pinsel die runden Ränder der Blumenkelche; krallig packen schwarze Hakenlinien von unten in die Pracht des vollen Rot; geysirhaft zischt ein schlammfarbener Strahl von unten nach oben durch das verschattete Weiß und gipfelt in einer apart gestelzten Farbpointe.

11. Rhododendron
    Rhododendron spec.
    Aquarell und Pastell, Fu G. 87
    40×30 cm, Sig. unten rechts

12. Stiefmütterchen
    Viola tricolor
    Pastell, Fu G. 87
    42×54,5 cm, Sig. unten rechts

13. Stiefmütterchen
    Viola tricolor
    Pastell, G. 87 Fu
    29,5×41 cm, Sig. unten rechts

14. Stiefmütterchen
    Viola tricolor
    29,5×41 cm, Sig. unten rechts

15. Kastanien
Aesculus hippocastanum
Aquarell, 80, 22.V. Fu Gelting
24×31 cm, Sig. unten rechts

16. Rittersporn und Holunder
Delphinum elatum, Sambucus nigra
Pastell auf Pappe Fu G. 87
42×56 cm, Sig. unten rechts

17. Japanische Kirsche
Prunus serrulata
Pastell, Fu G. 24.V.87
42×54,5 cm, Sig. unten rechts

18. Flieder
Syringa vulgaris
Aquarell und Gouache, G. 87 Fu
23×31 cm, Sig. unten rechts

19. Rittersporn und Pfingstrose
Delphinium elatum, Paeonia officinalis
Aquarell und Gouache, G. 87 Fu
23×31 cm, Sig. unten rechts

20. Weißer Flieder
Syringa vulgaris
Aquarell und Gouache, G. VI. 86 Fu
29,5×41 cm, Sig. unten rechts

21. Rittersporn und Pfingstrose
Delphinium elatum, Paeonia officinalis
Aquarell, G. 87 Fu
42×54,5 cm, Sig. unten rechts

22. Raps
Brassica napus
Pastell, G. 86 Fu
40×30 cm, Sig. unten rechts

23. Rittersporn und Lupine
Delphinium elatum, Lupinus
Aquarell, Fu G. 83
42×54,5 cm, Sig. unten rechts

24. Rittersporn
Delphinium elatum
Aquarell und Tusche,
3.7.83 Gelting, Fußmann
42×54,5 cm, Sig. unten rechts

25. Rittersporn/Raum Gelting
Delphinium elatum
Aquarell, Bleistift, Gouache, 13.7.86, G. Fu
42×54,5 cm, Sig. Mitte rechts

26. Schneeball
Viburnum opulus
Pastell, Fu G. 87
30×40 cm, Sig. unten rechts

27. Tulpen und Narzissen
Tulipa spec., Narcissus poeticus
Aquarell, 42×54,5 cm, nicht sig.

„Leidfamilie“ nennt Clemens Brentano den Strauß, der für eine Vase gebrochen wird. „... Drum stehen hier gleich Kerzen/wir Blumen, stumme Schmerzen/aus einem kranken Herzen/und flehen um das Leben./In unsern Kelchen beben,/auf unsern Sternen schweben/unsäglich tiefe Leiden ...“

Fußmann hat Tulpen aus der Helle eines Frühlingstages in den Schatten seines Hauses geholt. Die leuchtenden Boten des wiederauferstandenen Lebens verkünden – selbst sterbend – ihre Botschaft mit einem letzten Farbschrei. Aus jenem umklammernden Schwarz-Grün, das dem Grabefeu eigen ist, explodieren noch einmal chromatische Kaskaden. Im Verglühen dieses Feuerwerkes verbrennt saftiges Gelb zu dürrem Rost. Das Rosa eines Blütengrundes verblutet wie aus einer tiefen Wunde erst hellrot, dann schwärzlich gerinnend.

28. Mohn
Papaver orientale
Aquarell und Tusche, G. 21.6.86 Fu
42×54,5 cm, Sig. unten rechts

Feurig ist der Mohn am Mittag. Und seine Blütenblätter glänzen zart gefältelt wie orientalische Seide, aus der man schönen Frauen Abendkleider macht. Die Blüte öffnet sich der Nacht zu, und Rot versinnlicht sich in tiefes Karmin. Gelassen legt sie in der Dämmerung ihre prächtigen Hüllen ab und aus ihrer Mitte entblößt sich schweigend der strahlige Fruchtknoten: Urne für den Schlaf der Schönheit.

29. Mohn
Papaver orientale
Aquarell, G. 20.6.86 Fu
29,5×41 cm, Sig. unten rechts

30. Kerbel
Anthriscus spec.
Aquarell und Gouache, G. 21.6.86 Fußmann
42×54,5 cm, Sig. unten rechts

31. Iris
Iris spec.
Pastell auf Pappe, Fu G. 87
24×31 cm, Sig. unten

32. Iris
Iris spec.
Pastell und Aquarell, G. 87 Fu
42×54,5 cm, Sig. unten rechts

33. Mohn und Felberich
Papaver rhoeas, Lysimachia punctata
Aquarell, G. 87 Fu
29,5×41 cm, Sig. unten rechts

34. Mohn
Papaver spec.
Aquarell G. Fu 87
29,5×41 cm, Sig. unten Mitte

35. Garten Gelting mit Gladiolen
Gladiolus
Pastell, G. 86 Fu
42×54,5 cm, Sig. unten rechts

Wie eine Parade hochsommerlicher Farbformen erscheint der Einblick in ein üppig wucherndes Blumenbeet: Dahlien, Ringelblumen und Gladiolen wetteifern im Klang von Rot zu Rot, von Gelb zu Gelb, von Grün zu Grün. Wie ein Herold führt krapprote „Feuergarbe" das Drama der farbigen Explosionen an. In regelmäßiger Folge sitzt Kronröhre über Kronröhre und bildet bis zum obersten Knospenzipfel eine dichte Traube. Dunkel saugt durch jede Blüte ihr Schlund und kündet von geheimnisvoller Fruchtbarkeit. Vor der „Feuergarbe" schwelt überm Erdengrund eine Glut branstiger Calendulablüten. Über ihnen schwe-

ben perlmuttrig schimmernd die rosafarbenen Dahlien der Art „La Paloma“ und davon heben sich die bernsteingelben Blütenröhren der „Zauberin“ ab. Die weit geöffneten, blutroten Blüten der „Freudensonne“ schmecken als Dahlienvariationen das farbige Leben der Blumen im Beet eines Gartens ab.
Fußmann hat sich mit seinem Malzeug mitten in die blühende Natur gedrängt, um in raschen Zügen mit dem Pinsel die dramatische Skala der Farbformen aufs Papier zu bringen. Einer Hummel gleich gaukeln seine Augen von Farbe zu Farbe und trinken sich voll. Und indem Fußmann wachsam sieht, malt er auch schon: unmittelbar, ohne Umwege, direkt. Das Seherlebnis wird so zum Kunstereignis für uns.

36. Barbara im Garten
Aquarell/Pastell, Fu G. 80
24×31 cm

37. Rosen
Rosa spec.
Pastell, G. 86 Fu
29,5×41 cm, Sig. unten rechts

38. Rosen (rot)
Rosa spec.
Pastell, Fu 9.8.82, G.
29,5×41 cm, Sig. unten rechts

39. Rosen (gelb und rot)
Rosa spec.
Aquarell, G. 86 Fu
29,5×41 cm

40. Rosen (weiß)
Rosa spec.
Aquarell, Fu G. 87
29,5×41 cm, Sig. unten rechts

41. Rosen (rosa)
Rosa spec.
Aquarell, G. Fu 86
29,5×41 cm, Sig. unten rechts

42. Königskerze
Verbascum spec.
Aquarell, Fu 22.7.81
29×41,8 cm, Sig. unten rechts

43. Kamille
Matricaria spec.
Aquarell und Deckfarben, Fu G. 10.7.84
29×41,8 cm, Sig. unten rechts

Das ist ein Blumen-Stilleben wie es typisch ist für Fußmann. Als ob er die ganze Heilkraft der Kamille und ihren wunderbar herben bis süßlichen Duft mit nach Hause nehmen könnte: so viele Kamillen hat er abgepflückt an den Wiesenrändern, wie er nur packen konnte und sie zu Hause, in seinem Atelier in einen rauchfarbenen Steintopf getan und sie vor sich gestellt auf einen Tisch. So kann Fußmann das Blumenstück abmalen und dem natürlichen Augenblick kunstvolle Ewigkeit verleihen. Vor lauter Blüten sieht man kaum ein Stielchen und nur hie und da die zierlichen Fiederblätter. Eidottergelb sind die Blütenkörbchen und assoziieren durch ihren warmen Goldton den wundersamen Duft der Kamillen. Die ovalrunden Läppchen der Blütenblätter leuchten weiß, weißer, am weißesten. Sie sind wie Tutu-Röckchen um den Blütenkelch gefaltet, dem Wind hingegeben oder lässig entspannt zur Erde geneigt.

So zeichnet Fußmann in kurzen, heftigen Pinselzügen ein flirrend bewegtes Bild von Licht und Schatten. Die Helligkeit der Kamille durchdringt die Finsternis um sie herum. Im Leben lindert sie die Schmerzen. Im Bild von Fußmann dringt ihre einfache Schönheit heilend durchs Auge mitten ins Herz des Betrachters.

44. Dahlien
    Dahlia spec.
    Aquarell, Gep. G. 87 Fu
    29,5×41 cm, Sig. unten rechts

Ungegenständlich wirkt der schattige Hintergrund eines in Gelting entstandenen Aquarells. Umso sinnenhafter gibt der Vordergrund seine Gegenstände preis: eine dickbauchige, weiß-blau emaillierte Teekanne mit Dahlien. Statt des Deckels, der das Gefäß formgerecht beschlösse, wachsen aus der dunklen Kannenhöhle farbige Blumen die sich nicht beengen, noch bedrängen. In diesem Gefäß ist Raum genug für die pelziggrünen, knackigen Stengel und ihre breitlappigen, schwärzlich absterbenden Blätter für fest verschlossene Knospen und ekstatisch geöffnete Korbblüten. Scharlachrot und gelb gerandet sind die „Brandherd"-Dahlien, und im durchschimmernden Strahlenfeuer ihrer Trugdolden ist der satte Kern eines gelben Blütenbodens deutlich markiert. Rein weiß, bald auch von bläulichen Schatten durchtränkt sind die Blütenblätter der „Unschuld" genannten Dahlie. Wie unordentliche Krausen sind ihre wuscheligen Köpfe unter die ihrer ruhigeren roten Schwestern gemischt. Die schrillen Weißsignale überschmettern bizarr die sonor sich versengenden Rot-Klänge. Und sehr bewußt rückt Fußmann diesen scharfen Gegensatz von Farbkonfrontationen so ins Bild, daß er uns, aus der Vogelperspektive schauend, direkt ins Auge brennt. Nur so nehmen wir an der geheimnisvollen Verwandlung teil, die den Maler befähigt, dissonantes Leben in kunstvolle Harmonie umzusetzen.

45. Astern und Dahlien
    Aster spec., Dahlia spec.
    Aquarell, G. 86 Fu
    29,5×41 cm, Sig. unten rechts

46. Phlox
    Phlox paniculata
    Aquarell und Deckfarben, Fu G. 29.8.84
    29,5×41 cm, Sig. unten rechts

In ein abendlich sinkendes Dunkel wachsen Flammenblumen. Blätter pfeilen die steigenden Stiele bis ihre Aufwärtsbewegung im Feuerwerk der Doldenrispen explodiert. Die aufbrechenden Blüten werden zu entmaterialisierten Erscheinungen rotierenden Lichtes. Violettblaue und kalt-rosafarbene Säume umzucken ein zischendes Weiß, das sich in warm herunterrinnende Schatten einbrennt. Der schöne Augenblick des Erblühens verliert seine Vergänglichkeit. Er gewinnt Dauer in der Anschaulichkeit des Bildes.

47. Bartnelken und Rosen
    Dianthus barbatus, Rosa spec.
    Aquarell, Gouache, Pastell, Fu G. 22.8.87
    42×54,5 cm, Sig. unten rechts

48. Dahlien und Gladiolen
    Dahlia spec., Gladiolus
    Pastell über Aquarell, G. Fu Sept. 87
    42×54,5 cm, Sig. unten rechts

49. Felberich
Lysimachia punctata
Pastell, Fu G. 87
29,5×41 cm, Sig. unten rechts

50. Margeriten und Phlox
Chrysanthemum maximum, Phlox paniculata
Aquarell und Gouache, G. Fu 87
29,5×41 cm, Sig. unten rechts

51. Margeriten und Rudbeckia
Chrysanthemum maximum, Rudbeckia spec.
Pastell, Fu G. 87
29,5×41 cm, Sig. unten rechts

52. Margeriten
Chrysanthemum maximum
Aquarell und Gouache, 14.9.87 G. Fu
42×54,5 cm, Sig. unten rechts

53. Chinaastern und Dahlien
Callistephus chinensis, Dahlia spec.
Pastell auf Pappe, Fu G. Sep. 87
42×55 cm, Sig. unten rechts

54. Kapuzinerkresse
Tropaeolum majus
Aquarell und Gouache, G. 2.4.85 Fu
29,5×41 cm, Sig. unten rechts

55. Astern und Cosmea
Aster spec., Cosmos bipinnatus
Aquarell und Gouache, 20.X.85 Fu
29,5×41 cm, Sig. unten rechts

56. Mohn
Papaver spec.
Pastell auf Pappe, G. 87 Fu
30,5×41 cm, Sig. unten rechts

57. Kalendula und Mohn
Calendula officinalis, Papaver rhoeas
Pastell auf Pappe
30×41 cm, Sig. unten rechts

58. Rittersporn, Brennende Liebe, Lupinen
Delphinium elatum, Lychnis chalcedonia, Lupinus
Pastell auf Pappe, G. 87 Fu
29,5×41 cm, Sig. unten rechts

59. Phlox und Lupine
Phlox spec., Lupinus
Aquarell 17. Sept. 87 Fu
29,5×41 cm, Sig. unten Mitte

60. Malven, Gladiolen und Kalendula
Lavatera trimestris, Gladiolus Calendula officinalis
Aquarell und Deckfarben, Fu G. 27.9.85
29,5×41 cm, Sig. unten rechts

61. Rudbeckia und Phlox
Rudbeckia purpurea, Phlox spec.
Pastell über Aquarell Fu G. 86
29,5×41 cm, Sig. unten rechts

62. Buddleia und Kreuzkraut
Buddleia davidii, Senecio clivorum
Aquarell 7.9.87 G. Fu
42×55 cm, Sig. unten rechts

63. Rudbeckia und Phlox
Rudbeckia purpurea, Phlox paniculata
Pastell über Aquarell, Fu G. 86
29,5×41 cm, Sig. unten rechts

64. Gladiolen und Astern
Gladiolus, Aster spec.
Pastell/Bleistift Fu G. 86
42×55 cm, Sig. unten rechts

65. Sonnenbraut, Chinaastern, Cosmea
Helenium autumnale, Callistephus chinensis, Cosmos bipinnatus
Pastell auf Pappe, G. 87 Fu
42,5×55 cm, Sig. unten Mitte

66. Gladiolen
Gladiolus
Aquarell, 27.9.82 Fußmann G.
29,5×41 cm, Sig. unten

67. Astern
Aster spec.
Pastell Fu 87 G.
15×22 cm, Sig. unten links

68. Malven
Lavatera trimestris
Aquarell und Gouache, 14.9.85 Fußmann
40×48 cm, Sig. unten rechts und Mitte

69. Astern, Cosmea, Sonnenbraut
Aster spec., Cosmos bipinnatus, Helenium autumnale
Aquarell und Gouache G. 87 Fu
42×55 cm, Sig. unten Mitte

Aus herbstlichem Dunkel hebt sich farbig kräftig ein Blumenstück. Cosmeen und Astern zeigen an: noch einmal erfüllt sich in ihnen die Pracht eines fruchtbaren Sommers. Weit haben sich die weißen, rosagetränkten und dunkelroten Blütenblätter der Cosmeen ausgebreitet. Aus der entfalteten Hingabe ihrer seidenzarten Schönheit drückt sich wie ein Schmuckknopf der gelbe Fruchtkorb hervor. Er ist der Kern herbstlich bewegter Kraft, Zentrum flirrenden Ziehens und sanften Lösens, zwischen augenfälliger Lebenspracht und verborgener Todeslust. Düstere Schatten umschweben das offene Blumenleben; vor hintergründiger Finsternis scheint das lichtvolle Violett von Bergastern einmal noch auf, bevor auch es verblüht. Die gelbe Scheibe des Fruchtständers ist ekstatisch zu einem braun verbrannten Köpfchen herausgepreßt und eng schmiegen sich die weiß und heliotrop durchsetzten Blütenblätter wie ein schützendes Mäntelchen um ihr Haupt. Farbphantasien irrlichtern durch das festliche Gepränge der „Fliederblättrigen Schönkörbchen“, wie die „Cosmeen“ auch genannt werden. In Schönheit sterben, das vermag einzig die Natur in so einfacher und stiller Weise.

70. Dahlien
Dahlia spec.
Aquarell, Gouache Fu G. 86
29,5×41 cm, Sig. unten rechts

71. Rudbeckia
Rudbeckia fulgida
Aquarell Fu G. 86
29,5×41 cm, Sig. unten rechts

72. Sonnenbraut
Helenium autumnale
Aquarell G. 86 Fu
29,5×41 cm, Sig. unten rechts

73. Sonnenbraut
Helenium autumnale
Pastell, Fu G. 86
42×55 cm, Sig. unten rechts

74. Astern und Phlox
Aster spec., Phlox spec.
Pastell auf Pappe, Fu 87 G.
15×22 cm, Sig. unten rechts

75. Chrysanthemen
Chrysanthemum spec.
Pastell auf Pappe G. 87 Fu
29,5×41 cm, Sig. unten Mitte

76. Chrysanthemen
Chrysanthemum spec.
Pastell 87 Fu
15×22 cm, Sig. unten rechts

77. Phlox und Rudbeckia
Phlox paniculata, Rudbeckia laciniata
Pastell Fu G. 87
29×42 cm, Sig. unten rechts

78. Chrysanthemen
Chrysanthemum spec.
Pastell auf Pappe, G. 87 Fu
42×55 cm, Sig. unten rechts

79. Chrysanthemen
Chrysanthemum spec.
Pastell, G. Fu 87
23×31 cm, Sig. unten rechts

80. Astern
Aster spec.
Pastell, Fu G. 87
23×31 cm, Sig. unten rechts

Auf blaugewürfeltes Tischtuch hat Fußmann eine bauchige Vase mit Herbstastern vor sich hingestellt. Dahinter sorgt ein Stück Pappe für die von oben einfallende Beleuchtung des einfachen Stillebens, dessen Inventar damit schon beschrieben ist. Der Bildinhalt hat freilich ganz andere Art und Dimension.
Die oberen zwei Drittel des Blattes hat der Maler mit Sepia getönt, dessen wässrige Aufschwemmung unten in eine mauvefarbene Quadrierung übergeht. An den Knotenpunkten ist das Maschenwerk mit dichtem Königsblau verfestigt. Es wirkt wie ein Netz, das aus dem bilderträchtigen Weiß des blanken Papiers die Entdeckungen kontemplativen Sehens hervorholt. Da werden dunkle Zeichen geborgen, die von der Geschichte des braun erstarrten Krautes berichten. Und in diesen Erlebnisraum sind die Signale des sich im Blühen erschöpfenden Blumenlebens gesetzt. Im Flor eines ersterbenden Violett nisten Zellen gelbroten Glühens. Und ein verwehender Schauer weißer Hieroglyphen trägt flüsternd die Nachricht von Licht und Wetter eines vergangenen Sommers.

81. Garten mit Astern und Mohn
Aster spec., Papaver spec.
Aquarell und Bleistift
42×55 cm, nicht sig.

82. Barbara im Garten
Gouache und Aquarell 87 Fu 3. G. Sept.
87×73 cm, Sig. unten rechts

83. Garten Gelting
Aquarell und Bleistift, G. 87 Fu
42×55 cm, Sig. unten rechts

84. Garten in Gelting mit Königskerze
Verbascum spec.
Gouache und Aquarell, G. 5.9.87 Fußmann
73×84 cm, Sig. unten rechts

85. Garten in Gelting mit Margeriten
Chrysanthemum maximum
Gouache und Aquarell S. 7.9.87 Fußmann
73×85 cm, Sig. unten rechts

86. Garten in Gelting
Gouache und Aquarell S. 9.9.85 Fu
73×85 cm, Sig. untenrechts

Alle Texte zu den Blumen sind von Bernd Krimmel; Merck 1986.

Abb. Seite 11: Küche mit welkem Rittersporn, Düstuishy 1985
Abb. Seite 14: Weg zur Birk, Gelting

KLAUS FUSSMANN, geb. 1938 in Velbert (Rheinland), Vertreter einer neuen Gegenständlichkeit nach 1960: Stilleben, Interieurs, Landschaften der Deponie Wannsee, Portraits von Hella K. und Dorothee K. 1972 Villa Romana Preis und Preis der Böttcherstraße, 1979 Preis der Stadt Darmstadt. 1976 Wiederaufnahme des Aquarells auf den Lofoten; es folgen ab 1978 der Westen der USA, 1980/84 Island, 1984 Toscana, 1987 Indien, 1988 Australien und Neuseeland. Ab 1981 Allegorien: Marsyas, Fallshöft, Spiegelbilder. Ab 1976 Blumenaquarelle, 1985 Pastelle. Zahlreiche Publikationen; 1985 erschien von Klaus Fußmann „Die verschwundene Malerei", Siedler Verlag, Corso; 1981 bei Peerlings „Island"; 1986 bei Peerlings „Das Geltinger Skizzenbuch". Der Künstler lebt in Berlin und Gelting.

Copyright zu den Gedichten:
Rainer Maria Rilke, Schlaf Mohn, Rosa Hortensie, Blaue Hortensie
© 1966 Insel Verlag, Frankfurt/M.

Rose Ausländer, Stilleben, Nacht, Tulpen, Halmenzeit
© 1985 Fischer Verlag GmbH Frankfurt/M.

Blinder Sommer
© 1965 Bergland Verlag, Wien

Günther Eich, Mohn
© 1973 Suhrkamp Verlag, Frankfurt/M.

Dieses Buch ist im Herbst 1988 im Verlag der
GALERIE PEERLINGS, Friedrichstr. 49, 4150 Krefeld 12,
in einer Auflage von 3000 Exemplaren erschienen.
Druck und Lithos: Goltze Druck, Göttingen
ISBN-Nr. 3-922195-12-1